INTERMEDES

D'AMOUR POUR AMOUR

INTERMEDES
D'AMOUR POUR AMOUR,
COMÉDIE
EN TROIS ACTES ET EN VERS,

Repreſentée devant LEURS MAJESTÉS
à Verſailles le 23 Janvier 1765,

DE L'IMPRIMERIE,
De CHRISTOPHE BALLARD, Seul Imprimeur du
Roi pour la Muſique, & Noteur de la Chapelle
de Sa Majeſté.

M. DCC. LXV.
Par exprès Commandement de SA MAJESTÉ.

L'arrangement de la Musique des Inter-
medes est fait par M. REBEL, Sur-Inten-
dant de la Musique du ROY, en semestre.

Les Ballets sont de la composition de MM.
LAVAL, Pere & Fils, Maîtres des Ballets
de Sa Majesté.

ACTEURS
DE LA PIÉCE.

ASSAN,	La Dlle. Hus.
AZOR,	Le Sieur Molé.
ZALEG,	Le Sieur Préville.
ZEMIRE,	La Dlle. Doligny.
NADINE,	La Dlle. Fanier.

ACTEURS CHANTANTS.

Premier Intermede.

UN CHASSEUR,   Le Sieur Le Gros.

UNE CHASSERESSE, La Dlle. Larrivée.

Second Intermede.

UN SONGE,   La Dlle. Dubois L'

Troisieme Intermede.

UN HABITANT DE
LA CAMPAGNE, Le Sieur Larrivée.

UNE HABITANTE, La Dlle. Larrivée.

ACTEURS DES CHŒURS.

LES DEMOISELLES.

Canavas.	De Chevremont.
Bertin.	Aubert.
Favier.	Bouillon.
Dubois, C.	Desjardins.
Camus.	Daigremont.

LES SIEURS,

Ducroc.	Bosquillon.
Joguet.	Guerin.
L'Evêque.	Abraham.
Cochois.	Le Begue.
Daigremont.	Bazire.
Charles.	Camus.
Joly.	Besche 3.ᵉ
Marcou.	

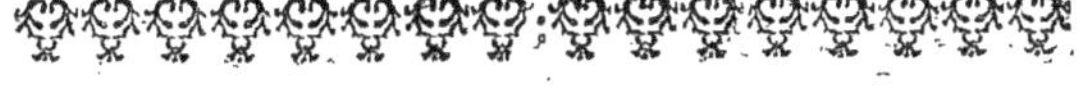

PERSONAGES DANSANTS.

Premier Intermede.

CHASSEURS ET CHASSERESSES.

Le Sieur Dauberval.
Le Sieur Lelievre, Dubois, Rogier.
La Demoiſelle Demiré, Rey, Petitot,
Godot.

Second Intermede.

SONGES.

LE GÉNIE.

Le Sieur Gardel.
Les Demoiſelles Adelaide, Lacroix,
Villette, Lahaie, Baſſe, Cornu.

Troiſieme Intermede.

HABITANS
DE LA CAMPAGNE.

Le Sieur Gardel.   La Dlle. Guimard.
Les Sieurs Hiacinte, Lelievre, Rogier.
Les Demoiſelles Petitot, Godot, Rey.
Le Sieur Dauberval. La Dlle. Alard.
Les Sieurs Cézeron, Dubois,
Les Demoiſelles Adelaide, Lacroix.

PREMIER INTERMEDE.

Après un premier Air, qui sert pour l'entrée des Chasseurs & Chasseresses.

UN CHASSEUR ET UNE CHASSE-RESSE, *alternativement avec le Chœur.*

Dans ces bois
Suivons l'Amour, suivons ses loix:
Volés, plaisirs, volés, à nos voix,
Volés, faites briller tous vos charmes.

Prends tes armes,
Fais un choix

Du plus beau trait de ton carquois.
Sans allarmes,
Goûtons en paix
Tous ses bienfaits.

B.

Dieu des Chaſſeurs, mêlés à nos accords,
A nos tranſports,
Le ſon charmant des corps.

Dans ces bois
Suivons l'Amour, ſuivons ſes loix :
Volés, plaiſirs, volés, à nos voix,
Volés, faites briller tous vos charmes.

On danſe.

UN CHASSEUR.

Au Dieu des cœurs rendés les armes ;
Lui ſeul peut donner de beaux jours :
Les vrais plaiſirs ; le bonheur ſans allarmes,
Ce ſont les flâmes des amours.

On danſe.

LE CHŒUR.

Courons, courons à la chaſſe ;
Lançons nos traits :
Suivons la trace
Des hôtes des forêts.

Fin du premier Intermede.

SECOND INTERMEDE.

*Après un premier Air, danfé par les
Songes.*

UN SONGE, *alternativement avec
le Chœur.*

LE bonheur fuit les allarmes
Dans cet aimable féjour.
Un Génie offre à vos charmes
Le tribut de fon amour:
Rendés amour pour amour.

Pourquoi refufer fes vœux?
Formés les plus tendres nœuds:
L'Amour feul peut rendre heureux;
Ceffés de craindre fes feux.

Le bonheur fuit les allarmes
Dans cet aimable féjour.

Un Génie offre à vos charmes
Le tribut de son amour :
Rendés amour pour amour.

Goutés le plaisir d'aimer ;
Il est doux de s'enflâmer :
Quand on sait charmer,
L'Amour doit-il allarmer ?

Le bonheur fuit les allarmes
Dans cet aimable séjour.
Un Génie offre à vos charmes
Le tribut de son amour :
Rendés amour pour amour.

Cet Intermède est terminé par la danse des
Songes, qui se retirent.

TROISIEME INTERMEDE.

Après un premier Air, dansé par les Habitants de la campagne.

LE CHŒUR.

CHantés, oiseaux, que vos ramages
S'unissent à nos tendres voix:
Volés, amours, volés dans ces bocages,
Volés au son de nos haut-bois.
Celle qui reçoit nos hommages,
Soumet tous les cœurs à ses loix.

On danse.

Une HABITANTE de la Campagne.

L'Amour se plaît sous ces tendres feuillages;
Des plus beaux feux il fait vous enflâmer:
Vous ne songés qu'à bien aimer;
Vous rougiriés d'être volages.

Qu'en ce beau féjour les plaifirs,
Les jeux riants ferrent vos chaînes.
Si l'Amour, pour vous, eut des peines,
Ce Dieu remplit tous vos defirs.

L'Amour fe plaît fous ces tendres feuillages;
Des plus beaux feux il fait vous enflâmer:
 Voüs ne fongés qu'à bien aimer;
 Vous rougiriés d'être volages.

On danfe.

Un HABITANT de la Campagne.

Amour, les Cieux, la Terre & l'Onde,
Tous vous éleve des Autels:
 Vos traits, vainqueurs du monde,
Enchantent jufqu'aux Immortels.

 Que de vos flâmes,
 Nàiffent de douceurs!
 Dieu de nos cœurs,
 Daignés, dans nos âmes,
Toujours répandre vos faveurs.

Amour, les Cieux, la Terre & l'Onde,
Tous vous éleve des Autels :
    Vos traits, vainqueurs du monde,
Enchantent jusqu'aux Immortels.

Un divertissement général terminé ce troi-
fieme & dernier Intermede.

FIN.